Conni diçe bexçeyê heywanan

Conni geht in den Zoo

Çîrok Geschichte
Liane Schneider

Wêne Bilder
Eva Wenzel-Bürger

Werger Übersetzung
Selman Dilovan

„Wir sind Tiger!“, ruft Nick. „Nein, Pferde“, sagt Julia. Aber Conni meint, dass es die im Zoo gar nicht gibt. Und da wollen sie hin. Am nächsten Donnerstag, mit ihrer ganzen Klasse. Sie sollen in drei Gruppen durch den Zoo gehen. Deshalb überlegen sie sich jetzt einen Namen für ihre Gruppe. Endlich entschei- den sie sich für die Zebras.

Nick diqêre: "Em piling iiin!"
Julia dibêje: "Na, em hesp iiin!"
Lê Conni wisa bawer e ku hesp li bexçeyê heywanan tunene.
Ew jî dixwazin biçin wir.
Pêncşema din tevî sinifê... Divê ew bibin sê grûb û wisa li bexçeyê heywanan bigerin. Loma jî ji niha ve ji bo grûba xwe li navekî digerin.
Di dawiyê de biryara xwe li ser navê "zebra"yê didin.

Conni wisa difikire ku zebra jî hema bêje mîna hespên belek in. Hemî zebrayekê boyax dikin, wê dibirin û bi karteke gilover ya duqul ve dizeliqînin. Conni û Julia benê ji pemboyê rengîn ba didin. Ji bo ku tu kes wenda nebe, pêvekên navnîşanê jî bi pişta kartê ve dizeliqînin. Conni ji bo geşta pêşîn ya dibistanê pir û pir şa dibe û tew bawer nake ku hemî heywanan “bi rastî” bibîne.

Zebras sind fast so etwas wie gestreifte Pferde, meint Conni. Alle malen ein Zebra, schneiden es aus und kleben es auf eine runde Pappe mit zwei Löchern. Conni und Julia drehen Kordeln aus bunter Wolle. Nun kann man die Pappe wie eine Kette umhängen. Damit bei dem Ausflug niemand verloren geht, kommen auf die Rückseite noch Adressaufkleber. Conni freut sich riesig auf ihren ersten Schulausflug und kann es gar nicht erwarten, alle Tiere „in echt“ zu sehen.

Sibeya roja pêncşemê bavê Conniyê wê dibe stasyona tirênê. Hinek zarok kelecanî ne û tevî çenteyên piştê li stasyonê ne jî, virde wirde xwe hildiavêjin. Mamoste Sommer karta navan dixe stûyê her zarokekî. Bi vî rengî dikare niha bibîne ka hemî li wir in yan na. Dêya Lenayê û mamosteyekî ciwan birêz Weber jî bi wan re diçin.
Dema ku tramvay tê, hemî xwe dihelêfin hundir. Rê pir nakudîne. Êdî meriv avahiyên bajarê mezin dibîne jî. Li stasyona mezin hemî ji tramvayê peya dibin. Li bexçeyê heywanan, birêz Weber ji kasê bilêtê ji hemiyan re dikirre.

Am Donnerstagmorgen bringt Papa Conni zum Bahnhof. Auf dem Bahnsteig hopsen schon einige Kinder aufgeregt mit ihren Rucksäcken herum. Frau Sommer, die Lehrerin, hängt jedem Kind die Pappe mit dem Namen um. So kann sie gleich sehen, ob alle da sind. Auch Lenas Mutter und Herr Weber, ein junger Lehrer, fahren mit. Als die S-Bahn kommt, drängeln sich alle hinein. Die Fahrt dauert nicht lange. Schon sieht man die Häuser der großen Stadt. Am Hauptbahnhof steigen sie um in die U-Bahn.
Im Zoo kauft Herr Weber an der Kasse Eintrittskarten für alle.

Li pişt derî birêz Lorenz li benda wan e, yê bexçeyê heywanan nîşanî wan bide. Pêşî diçin cem mîrketan. Yê niha xwarinê bidin wan; kêzikên ard. Birêz Lorenz dipirse: "Kî diwêre van bavêje ber wan?" Jolanda dibêje "Êêêq! Ew hê xwe dilivînin!"
Lêbelê Conni diwêre. Ji ber ku ew cesûr e, dikare kêzikên ard li mîrketan parve bike.

Hinter dem Eingang wartet schon Herr Lorenz, der ihnen den Zoo zeigen wird. Als Erstes gehen sie zu den Erdmännchen. Die sollen gerade gefüttert werden. Mit Mehlwürmern. „Wer traut sich denn, da mal reinzugreifen?", fragt Herr Lorenz. „Ihh!", ruft Jolanda. „Die bewegen sich ja noch!"
Doch Conni traut sich. Weil sie so mutig ist, darf sie die Mehlwürmer an die Erdmännchen verteilen.

Danach gehen sie zu den Lamas. „Die spucken", sagt Nick. – „Nur wenn sie geärgert werden", erklärt Herr Lorenz. „Lamas sind Wiederkäuer. Sie fressen das Gras fast ohne zu kauen. Später holen sie es wieder hoch und kauen es richtig durch." Mit einem Mal sieht Conni wirklich, wie so ein Grasbällchen im Hals nach oben rutscht. Das sieht lustig aus.

Paşê diçin cem lamayan. Nick dibêje: "Ew tif dikin." Birêz Lorenz dibêje: "Tenê dema ku meriv wan hêrs dike." Birêz Lorenz didomîne: "Lama, heywanên kayînker in. Hema bêje bêyî cûtin giya dixwin. Paşê wî hildikişînin devê xwe, rind dicûn û dîsa dadiqurtînin." Zarok hemî, bi baldarî li stûyê lamaya tam li pêş dinêrin. Û bi carekê Conni bi rastî jî dibîne ku gulokek di qirika lamayê de bi jor ve hildikişe. Komîk xuya dike.

Paşê birêz Lorenz midbexa meymûnê nîşanî wan dide. Li ber maseyeke mezin jinek fêkî û şînahiyan ji meymûnan re hûr dike. Birêz Lorenz dibêje, li bexçeyê heywanan destûr tune ku meriv xwarinê bide wan. Ger meriv xwarina şaş bide wan, ew nexweş dikevin. Hundirê xaniyê meymûnan yê kêlekê germ û bi rutûbet e. Seyisekî heywanan xwarinê diavêje hefşî. Meymûn hemî êrîş dikin. Makemeymûneke ciwan çêlikekî bi xwe re hildigre. Çiqas jî şîrîn xuya dike! Conni bi lez wêneyekî digre.

Als Nächstes zeigt Herr Lorenz ihnen die Affenküche. An einem großen Tisch schneidet eine Frau riesige Mengen von Obst und Gemüse für die Affen. Herr Lorenz sagt, dass Besucher die Tiere im Zoo nicht füttern dürfen. Bei falschem Futter werden die Tiere krank. Im Affenhaus nebenan ist es warm und feucht. Ein Tierpfleger wirft das Futter ins Gehege. Alle Affen greifen zu. Eine Affenmutter trägt ein Junges mit sich herum. Das sieht so niedlich aus! Conni macht schnell ein Foto.

ZOO

ZOO

Bi heyecan dor digihê şêran. Seyis goştê xav dide wan. Dema ku dixwin, hema bêje eynî mîna pisîkê Conni Belek xuya dikin. Dema ku pisîkê wê jî sosîs dixwarin, wisa bû. Birêz Lorenz dibêje: "Niha jî dora zarokên mirovan e!" Hinekî wêde mase û bank hene. Zarok devê xwarina xwe vedikin û birêz Lorenz jî xatir dixwaze.

Aufregend geht es bei den Löwen zu. Der Tierpfleger füttert sie mit rohem Fleisch. Beim Fressen sehen sie fast wie Connis Kater Mau aus, wenn er an einem Wurststück herumbeißt. „Und jetzt kommen wir zur Fütterung der Menschenkinder", sagt Herr Lorenz. Ein Stück weiter stehen Tische und Bänke. Die Kinder packen ihr Essen aus und Herr Lorenz verabschiedet sich.

Grûba Conniyê bi Mamoste Sommer re diçe cem zebrayan. Mamoste Sommer pirs dike ka gelo dizanin ku dehşika zebrayê çawa dêya xwe nas dike. Conni bawer dike ku “ji bînê” nas dikin. Julia jî dibêje “ji deng.” Mamoste Sommer dibêje “û ji xetbelekan.” Conni nikare bawer bike; lewra hemî zebra xetbelek in. Lê dema ku meriv baş bala xwe bidê, xetbelekên her zebrayekê cuda ne.

Connis Gruppe geht mit Frau Sommer zu den Zebras. Die Lehrerin fragt, ob sie wissen, woran ein Zebrakind seine Mama erkennt. „Am Geruch“, meint Conni. „An der Stimme“, glaubt Julia. „Und an den Streifen“, sagt Frau Sommer. Das kann Conni gar nicht glauben. Streifen haben die Zebras doch alle! Aber wenn man genau hinguckt, sind die Streifen wirklich bei jedem Zebra anders.

Zebra

Hespên avî pir qelew in û dema ku ji avê derdikevin pif dikin, avê dipijiqînin. Dema ku devê xwe vedikin, Conni dikare diranên mezin bibîne. Meriv dikare di camê re, di binê avê de jî li hespên avî temaşe bike. Bi rastî jî di binê avê de pir xweş digerin.

Die Flusspferde sind ganz dick und prusten, wenn sie aus dem Wasser kommen. Als sie ihr Maul aufreißen,kann Conni die großen Zähne sehen. Durch eine Glasscheibe kann man die Flusspferde auch unter Wasser beobachten. Sie gehen auf dem Grund des Wassers richtig spazieren.

Li cem fîlan, kêfa Conniyê herî pir ji fîlê golik re tê. Bi rastî jî Conni wî wek fîlekî ecûc dibîne. Hê navê wî tune. Ziyaretvan dikarin navekî pêşniyaz bikin. Xwediyê navê herî baş, wê bi bilêta salane ya bexçeyê heywanan bête xelatkirin. Di cî de zarok difikirin: Bila navê vî çêjikê fîl çi be gelo? Gewro? Rindo? Pozpiçûk?

Bei den Elefanten gefällt Conni besonders das kleine Elefantenkind. Ein richtiger Minifant, findet Conni. Es hat noch keinen Namen. Die Besucher dürfen sich einen ausdenken. Der beste Name wird mit einer Jahreseintrittskarte für den Zoo belohnt. Sofort überlegen alle Kinder: Wie könnte das Elefantenbaby heißen? Nasri? Elif? Zwerg Nase?

Paşê zarok munaqeşe dikin ka gelo biçin ciyê lîstikê yan biçin çêregeha ku meriv heywanan miz dide. Ji nişka ve pisîhirçek li ber wan di ser rê re derbas dibe û hildiperike serê dara din.
Tobi diqêre: "Reviya!" Divê vê yekê ji seyisekî re bibêjin. Conni û Julia diçin bufeyeke nêzîk. Ji jina li bufeyê re dibêjin: "Hirça piçûk revî!" Jinik jî bi telefona destan alîkariyê dixwaze.

Danach streiten die Kinder, ob sie nun zum Spielplatz oder zur Streichelwiese gehen. Plötzlich tapst direkt vor ihnen ein Katzenbär über den Weg und klettert in den nächsten Baum. Tobi ruft: „Der ist ausgerissen!" Das müssen sie einem Tierpfleger melden! Conni und Julia laufen zu einem Kiosk in der Nähe. „Der kleine Bär ist geflüchtet!", rufen sie der Frau im Kiosk zu. Die fordert mit dem Handy Hilfe an.

Beytarek tîra bi narkoz diavêje, li kemaxa pisîhirçê dixe. Hirça piçûk di cî de ji xwe diçe û dibêje tep û dikeve şalika seyisan. Seyis wê dibin nexweşxanê. Ji ber ku di cî de alîkarî kiribûn, ji zarokan re jî qeşaşîrekê digrin.

Ein Tierarzt schießt einen Narkosepfeil in den Po des Katzenbären. Der kleine Bär schläft sofort ein und purzelt in das Fangtuch der Tierpfleger. Er wird zur Krankenstation gebracht. Und die Kinder bekommen ein Eis als Belohnung für ihre schnelle Hilfe.

ZOO
ZOO

Li çêregeha mizdanê ya heywanan Julia karekê miz dide. Çawa ku Conni hinek êmê pez dikire, hema bizin hemî li pey wê diçin û pê ve hildiperikin. Ji wê derê ew diçin parka lîstinê. Tevahiya zarokan çenteyên xwe diavêjin ser hev û diçin ku hilkişin. Nîvê din ê sinifa wan jî li wir e. Bîsteke din êdî wexta çûyina malê ye.

Auf der Streichelwiese streichelt Julia ein kleines Zicklein. Conni kauft eine Tüte Ziegenfutter. Schon laufen alle Ziegen hinter ihr her und springen an ihr hoch. Von der Streichelwiese geht es zum Spielplatz. Alle Kinder werfen ihre Rucksäcke auf einen Haufen und rennen los zu den Klettergerüsten! Hier tobt auch schon der Rest der Klasse. Doch bald ist es Zeit nach Hause zu fahren.

Dema ku tramvay digihê Neustadt, Conni ber bi dayê û bavo ve dibeze. Tiştên ku ew qala wan bike pir pir hene! Di temamê rê de qet zimanê wê nasekine. Dawiyê bavo dibêje: "Ez dibêjim, ezê jî carekê tevî dayê biçim bexçeyê heywanan." Conni diqêre: "Ezê jî bi we re bêm û her tiştî nîşanî we bidim!" Belkî jî Conniyê bilêta salane qezenc kiriye. Hingê ew dikarin pir biçin bexçeyê heywanan.

Als die S-Bahn wieder in Neustadt angekommen ist, läuft Conni gleich zu Mama und Papa. Sie hat ja so viel zu erzählen! Den ganzen Rückweg steht ihr Mund nicht still. Schließlich sagt Papa: „Ich glaube, ich fahre mit Mama auch mal in den Zoo." „Ich komme mit und zeig euch alles!", ruft Conni. Vielleicht gewinnt Conni ja sogar die Jahreseintrittskarte. Dann können sie ganz oft in den Zoo gehen.